AF284502

Geschüttelt und geringelnatzt

Vom (Nicht-) So-nett zum Limerick

Gedichte und Kurzprosa von
Gerhard Goldmann

© 2020 Gerhard Goldmann
Herstellung und Verlag: BoD - Books on Demand,
Norderstedt
ISBN: 9783751984034
Bibliographische Information der Deutschen Biblio-
thek: Die Deutsche Bibliothek verzeichnet diese
Publikation in der Deutschen Nationalbibliographie,
detaillierte bibliographische Daten sind im Internet
über http://dnb.ddb.de abrufbar.

Inhaltsverzeichnis

Vom Reisen

Reisen heißt für manche fliegen,
sich in Flugzeugsessel biegen,
später flach im Sande liegen,
am Buffet was Gutes kriegen
und beim Heimflug noch mehr wiegen.

Ein paar Urlaubsgrüße dichten
für die Tanten, Neffen, Nichten;
Eingeborene ablichten;
über fremde Sitten richten
und am Strand die Titten sichten.

Aber Reisen ist viel mehr
und das sagt nicht irgendwer,
sondern ich, der – bitte sehr –
liebend gern woanders wär',
irgendwo am Mittelmeer.

Doch das ist für mich kein Reisen,
nur zu Super-Sonder-Preisen,
um's den Nachbarn zu beweisen,
in den Ländern, den ganz heißen,
zwischen Bett und Pool zu kreisen.

Lieber fahr' ich mit der Bahn,
wenn die Arbeit ist getan,
raus aus meinem Alltagswahn,
zum Hafen dicht am Ozean,
denn dem bin ich sehr zugetan.

Meist reicht mir auch ein alter Kahn
auf Saale, Tauber, Main und Lahn
und die Begegnung mit 'nem Schwan,
was dann so mancher Blödian
langweilig findet und profan.

Und muss es mal das Auto sein,
dann lass' ich Luft und Sonne rein.
Denn das wäre doch gemein,
so ganz allein als armes Schwein
rundum im Blech gefangen sein.

Drum lob' ich mir mein Cabrio,
mit ihm zu reisen macht mich froh,
von Stockholm bis Fernando Póo -
oder mit dem Deux-Chevaux
von Bordeaux nach Saint Malo.

Noch lieber nehme ich das Rad
bis nach Arad im Banat,
gönn' mir unterwegs ein Bad
im Baggersee bei dreißig Grad
und lab' mich abends am Muskat.

Selbst das Reisen mit den Füßen
tu' ich meistens sehr genießen.
Hand in Hand mit meiner Süßen
Lauf' ich über Blumenwiesen
und will von dort aus jene grüßen,
die hektisch durch die Wolken düsen.

Wenn auch ihre Flieger stinken,
so werd' ich ihnen trotzdem winken,
beim Picknick ein Glas Rotwein trinken,
dazu ein Stück Serrano-Schinken -
zuletzt, wenn sie zur Gangway hinken,
mit meinem Schatz im Gras versinken.

Kariertes Maiglöckchen

Neben einem Steinbröckchen
wuchs ein kariertes Maiglöckchen.
Da kam ein kleines Steinböckchen,
fraß das karierte Maiglöckchen.

Doch das war eine Schachbrettblume.
Man weiß schon seit dem Altertume,
dass giftig von ihr jede Krume,
und warnt deshalb vor dem Konsume.

Drum starb das arme Steinböckchen,
erbrach zuvor ein Breibröckchen,
garniert mit grünen Schleimflöckchen
und dem karierten Maiglöckchen.

Federerleichte Hoffnung

Die Falken ganz weit oben wollten rauben,
den Griff nach fremden Ländern sich erlauben.
Die Beute war zu groß, drum ließ man wieder los,
wie einst der Fuchs die viel zu sauren Trauben.

Zurück ließ man die Krüppel, Blinden, Tauben
und ein paar Leichen mit dem falschen Glauben.
Der Krieg ist halt nicht schön, doch gilt es einzu-
seh'n:
Von jedem Blutbad zehren fette Raupen.

Von Dächern, Erkern, Giebeln und von Gauben
sich Boten in die Lüfte gurrend schrauben.
Der Raubzug ist vorbei, jetzt endlich Frieden sei.
Am Hindukusch verkünden ihn die Tauben.

Raketen sollen rosten und verstauben,
die Ohren für Triumphgeschrei ertauben.
Wir wollen Nester bauen, auf alte Türme schauen
und ohne Arglist leben – wie die Tauben.

Wer weiß…

Ob sie ewig dauern würde, unsre Liebe,
wenn jetzt die Uhr ganz plötzlich stehenbliebe?
Gesellten sich zu uns wie feige Diebe
der Alltag und sein schäbiges Geschiebe?
Würden aus Komplimenten Seitenhiebe
und aus der Liebe Kelch kaputte Siebe?
Wär's Langeweile, die die Lust vertriebe
und zwischen uns allein im Bett verbliebe?
Wär's so, dass unsre Zuneigung verstiebe
und sie es statt mit mir mit andern triebe?
Gäb's neue Haut, an der ich meine riebe
und keine Verse mehr, die ich ihr schriebe?
Ich weiß es nicht – weiß nur, dass ich sie liebe.

Die Pacht am Rhein?

Der Rhein, ein deutscher Schicksalsfluss?
Dem Märchen man misstrauen muss!

Denn die Hälfte seiner Fluten
fließt auf außerdeutschen Routen
aus Luxemburg, Wallonien, Flandern
in Mosel, Maas und all den andern;
sogar aus Norditalien Tropfen
diskret an seine Deiche klopfen.

Die Quellen sprudeln in der Schweiz,
das wusste man in Rom bereits;
danach kommt erstmal Liechtenstein,
auch ihm gehört ein Stück vom Rhein;
selbst in der DONAU-Monarchie
soff gern aus ihm das liebe Vieh.

Vom Bodensee zum Wasserfall
durchbricht er Grenzen überall,
gibt Basel einen Fastnachtskuss,
wird halb dann zum Franzosenfluss,
und erst, wenn ihn die Lauter speist,
er nur noch durch Germanien reist.

Das Narrenschiff, es kommt vom Main
und kreuzt ab Mainz gern auf dem Rhein,
raubt Philistern ihren Schlaf,
erst mit Helau, dann mit Alaaf,
wenn aus Kamellen Orden funkeln
und Bauer, Prinz und Jungfrau schunkeln.

Man findet Narren auch in Bingen,
dort wollen sie die Bürger zwingen,
auf einem Ufer zu verweilen,
denn Brücken könnten Auen teilen,
wo Schwan und Blässhuhn überwintern,
drum gelte es, sie zu verhindern.

Von Rüdesheim nach Bingen fahren,
war kein Problem, vor neunzig Jahren.
Man zahlte etwas Brückenzoll
und fand die Aussicht wundervoll.
Doch weil die Bürokraten strenger,
ist heut der Weg beträchtlich länger.

Hier kräuselt sich der Rhein mit Grausen
ob all der Sturheit von Banausen,
lässt Deutschland deshalb ganz im Stich
zwei Tage drauf bei Emmerich,
durchquert dafür die Niederlande
und findet dort zum Nordseestrande.

Kirschblütenkerne

Nicht nur Japaner,
auch prosaische Deutsche
spielen mit Worten.

Bunt lackiert der Tisch.
Entschieden wird woanders
- besser sitzt man hier.

Grün und mit Stacheln
holen sich die Kastanien
selbst aus dem Feuer.

Novembermorgen.
LEBEN dreht sich zu NEBEL,
SIE gefriert zu EIS.

Kleine Geschichte der Zahnheilkunde

Ein Urmensch kaute Mammutknochen,
da ist ein Zahn ihm abgebrochen.
Der eiterte schon bald darauf
und er gab seine Seele auf.

Ein Gallier nagte Wildschweinknochen,
da ist ein Zahn ihm abgebrochen.
Er ging zu des Druiden Haus,
der zog ihm schnell den Stummel raus.

Ein Römer konnte sehr gut kochen,
drum ist kein Zahn ihm abgebrochen.
Doch liebte er den Zucker sehr
und räumte so den Kiefer leer.

Viel später dann in Isfahan,
behandelte gar manchen Zahn
ein Mann, der Avicenna hieß
und den man als Genie anpries.

Bei uns, da wirkten mehr die Bader,
sie schröpften, ließen oft zur Ader
und rupften gerne Zähne raus
beim Jahrmarkt und mit viel Applaus.

Noch später baute man Prothesen,
die sind aus Porzellan gewesen.
Sie förderten den Brechreiz so
und landeten schon mal im Klo.
Heute trägt man Implantate
zum Kauen und auch als Fassade.
Da sieht den Fortschritt man im Mund
in London, Moskau, Swakopmund,
in Essen, Köln und in Stralsund.

Vom Baggerzahn

Man kennt den Eck- und Backenzahn,
den Schneide- und den Weisheitszahn,
den Milch- und selbst den Löwenzahn.

Dann gibt es noch den steilen Zahn,
den baggert mancher Mann gern an,
ganz hemmungslos, so dann und wann.

Doch kommt er an die Falsche dran,
so heilt sie ihn vom Größenwahn –
und zieht ihm rasch den Baggerzahn!

Zahnarzt im Zoo

Den Löwen wirft der Löwenzahn
mit Karies aus seiner Bahn.
Er würde gern ein Zebra reißen,
doch hindert ihn der Schmerz am Beißen.

Die Schlangen haben schwer zu knabbern,
die ängstlich mit der Rassel klappern
und feige vor dem Zahnarzt fliehen,
denn der muss ihren Giftzahn ziehen.

Man findet manch gepflegten Zahn
beim Orang-Ut- und Pavian.
Sie naschen keine Süßigkeiten,
ihr Schmelz, der glänzt von allen Seiten.

Es trägt der schwarze Kormoran
in seinem Schnabel keinen Zahn.
Er fängt die Fische gänzlich ohne,
kennt Inlays nicht, Gebiss und Krone.

Der Haifisch und auch der Kaiman,
sie drohen ihm mit scharfem Zahn.
Drum sollte der Dentist sie meiden
und hier zur Flucht sich schnell entscheiden!

Adams Äpfel[1]

Den Apfel hat er manchmal satt,
ist ohne Schlange nicht viel wert.
Drum setzte er sich selbst schachmatt,
wenn durch ein grünes Feigenblatt
ihm Evas Garten blieb verwehrt,
der ihn so reich mit Obst beschert.

Schön gewölbt lockt die Zitrone,
duftet wie der Sommer auch.
Beiderseits trägt sie als Krone
feste Spitzen – sogar ohne
einen leichten, kühlen Hauch,
beim Flötenspiel im Nymphenstrauch.

Süßer Saft quillt aus der Pflaume,
wenn er den Stiel in ihr bewegt.
Sie ist geschmückt mit dichtem Flaume
oder liegt ganz nackt im Raume,
wo sie den Appetit anregt,
bis sich die Zunge zu ihr legt.

---

[1] Honi soit qui mal y pense!

Leicht gekrümmt wächst die Banane,
damit den besten Punkt sie findet.
Emporgereckt wie eine Fahne,
schmeckt sie so gut mit etwas Sahne,
wenn sie in Schrippen erst verschwindet
und sich mit Lippen eng verbindet.

Gut versteckt bei der Prinzessin
sitzt die Erbse, winzig klein,
behütet in der Schale drin.
Nur nach ihr steht ihm der Sinn.
Feucht schimmert sie im matten Schein,
lädt ihn in ihre Schote ein.

Begehrlich spielt sie mit den Nüssen,
fühlt hungrig sich und sehr erhitzt.
Und träumt von unerhörten Güssen,
die tief im Bauch sie streicheln müssen,
wenn dort, wo sie unendlich schwitzt,
die Kokosmilch dann endlich spritzt.

Beim Pfirsich ist aus Samt die Kerbe
mit ihrer sanften, weichen Haut,
für die auch ich ein bisschen sterbe
und aufs Neue um sie werbe,
wenn mein Auge auf sie schaut,
streckt sich der Ast im Busch zur Braut.

Ganz zum Schluss dann die Melone,
die ich für das Beste halte.
Dazu die weiße Zabaglione,
cremig frisch, nicht von Danone,
zerfließt in ihrer roten Spalte,
verborgen dort im schwarzen Walde.

The apple, he is sick of it,
it's nothing worth without a snake.
So, he would really mate himself,
if by some ugly leaf of fig
Eva's backyard would be closed,
which offers him delicious fruit.

The lemon's gently bulging gift,
it smells just like a summer scent.
It wears a nip on every side,
instead a pair of golden crowns,
when it´s fanned by a chilly breath
or when the flute plays in the copse.

A dulcet juice leaks from the plum
when someone moves the stalk inside.
It's blazoned with some lovely brush,
sometimes it lies completely bare
exciting our appetite
until it's touched by a warm tongue.

Of velvet is the peaches notch
with its soft and silky skin,
for which he's fain to die a bit
and solicit to it again,
and if he catches a glimpse of it
a solid branch grows for the bride.

Un peu courbée pousse la banane,
en sorte qu'elle trouve le meilleur point.
Frôlée doucement par langue et mains
elle est levée comme un drapeau,
quand elle se cache au petit pain,
la Chantilly donne le bon gout.

Bien cachée chez la princesse
le petit pois est la promesse
qui lui chatouille tous ses sens.
Dénudé dans sa coquille,
raide, un peu mouilleux, il brille
et l'invite dans sa silique.

Désireuse, elle tâte les noix,
chauffée, aussi très affamée,
elle rêve des jets inexaucés
qui la caressent au fond de soi,
quand là, où elle sut sans cesse,
le lait de coco enfin jaillisse.

Après tout puis le melon rond,
que je regarde comme le mieux,
avec du sabayon tout blanc,
frais et crémeux, pas de Danone,
qui se disperse dans la fissure
rouge au sein du paradis.

Einmal Main-Aal

Im Main dereinst ganz viele Fische schwammen,
mit Angeln sie zu fangen, war ein Klacks;
auch solche, die aus fernen Meeren stammen,
wie Finte, Maifisch, Stör sogar und Lachs.

Um Strom zu machen und die Kähne schneller,
schnitt ihnen man die Wege einfach ab.
Die Artenzahl, sie stürzte in den Keller,
den Fischern wurden ihre Fänge knapp.

Drum baute man den Tieren teure Treppen,
um Wassersteppen wieder aufzupeppen –
und wirklich kehrten Lachs und Aal zurück.

Doch wer mag heut die Beute noch genießen,
wenn Schmutz und Gift den Fang so leicht ver-
miesen?
Das Schlemmen fehlt oft zu des Anglers Glück!

Début lorrain

Le soleil qui se lève
Et caresse les toits
Et c'est Nancy le jour
La Meurthe qui se promène
Et me guide du doigt
Et c'est Nancy toujours
Et mon cœur qui s'arrête
Sur ton cœur qui sourit
Et c'est Nancy bonjour
Et ta main dans ma main
Qui me dit déjà oui
Et c'est Nancy l'amour

Le premier rendez-vous
Au kiosque Mozart
C'est Nancy qui commence
Et le premier baiser
Volé à la Pépinière
Et c'est Nancy la chance
Et le premier baiser
Reçu sous un portail
Et c'est Nancy romance
Et deux têtes qui tournent
En regardant Gallé
Et c'est Nancy en France

Des jours que l'on oublie
Qui oublie de nous voir
Et c'est Nancy l'espoir
Des heures où nos regards
Ne sont qu'un seul regard
Et c'est Nancy miroir
Rien que des nuits encore
Qui séparent nos chansons
Et c'est Nancy bonsoir
Et ce jour-là enfin
Où tu ne dis plus non
Et c'est Nancy ce soir

Une chambre comme le ciel
Où s'arrête la ronde
Et c'est Nancy nous deux
Un regard qui reçoit
La tendresse du monde
Et c'est Nancy tes yeux
Ce serment que je pleure
Plutôt que je le dis
C'est Nancy si tu veux
Et savoir que demain
Sera comme aujourd'hui
C'est Nancy merveilleux

Mais la fin du voyage
La fin de la chanson
Et c'est Nancy tout gris
Dernier jour dernière heure
Première larme aussi
Et c'est Nancy la pluie
Ces jardins remontés
Qui n'ont plus leur parure
Et c`est Nancy l'ennui
Le car où s'accomplit
La dernière déchirure
Et c'est Nancy fini

Loin des yeux loin du cœur
Chassé du Paradis
Et c'est Nancy chagrin
Mais une lettre de toi
Une lettre qui dit oui
Et c'est Nancy demain
Des villes et des villages
Les roues tremblent de chance
C'est Nancy en chemin
Et toi qui m'attends la
Et tout qui recommence
Et c'est Nancy je reviens.

(d'après Jacques Brel : Les Prénoms de Paris,
deutsche Fassung auf www.gerhard-goldmann.de)

Über die Dichtung

Am Anfang war der Abzählreim,
mit ihm begann die Dichtung.
Ich brachte ihn vom Hort mit heim
und er wies mir dort insgeheim
zur Poesie die Richtung.

Viel später auf dem Schulklosett
ersann ich dann gar manche Strophe,
beim Träumen von Jeanette im Bett,
die sehr adrett war und kokett -
doch ich für sie stets nur der Doofe.

Manch Jambus spross, so zart wie Bambus,
auch für Studentin Adelheid.
Doch tränkte sie mich nicht mit Schampus
und kränkte mich dort auf dem Campus
ganz tief mit ihrer Albernheit.

Zuletzt, da schuf ich eine Ode,
wie weiland Wieland oder Platen.
Doch fehlte mir der Götterbote,
so dass mir manch ein Spötter drohte,
mein Werk, das sei total missraten.

Drum dicht' ich heute nur noch Türen,
vielleicht auch Fenster – wenn es zieht.
Da kann ich gleich die Wirkung spüren
und brauche länger nicht zu frieren,
weshalb man mich zufrieden sieht.

Weggeträumt

Die Liebe kam im Linienbus,
ganz hinten in der Nummer Drei.
Hier gab sie ihm den ersten Kuss
und spürte Amors Pfeil dabei.

Ansonsten nahmen sie das Rad,
eroberten so ihre Welt
aus Schule, Disco, Hallenbad,
die Schöne und der junge Held.

Dahinter lockten Santorin,
die Kokosinseln und Hawaii,
dort wollten sie gemeinsam hin,
sobald die Büffelei vorbei.

Ein alter Kombi brachte sie
fünf Jahre drauf nach Rimini.
Am Strand entstand dann da ihr Kind.

Jetzt liebt er seinen Golf statt sie,
sie träumt bis heut von Napoli
– und hofft, dass sie was Neues find.

Messerscharfer Albtraum

Nach Afrika, da locken uns die Strände,
der blaue Himmel und das blaue Meer,
die Zebras und die Palmen ohne Ende
und der Lakaien tausendfaches Heer.

Wir blühen auf in den Hotelpalästen
bei Vollpension und exzellenter Kost.
Nach der Safari bietet man den Gästen
am Pool die coolen Drinks und Steaks vom Rost.

Die Menschen hier sind nett und so bescheiden,
um all die Lebensfreude zu beneiden,
die sie in ihren Hütten glücklich macht.

Wie hell die dunklen Augen dankbar strahlen,
wenn kleine Hände mit den Stiften malen,
die einst daheim zum Stimmenfang gedacht.

Doch Jugend wird zum bösen Traum bei jenen,
hineingeboren in den falschen Ort,
wo alte Weiber werden zu Hyänen
und reißen einem Kind die Kindheit fort.

Mit Skalpellen, Messern, Scherben
verstümmeln sie, was nicht erblühen darf.
Die Lust, sie muss schon in der Knospe sterben,
zerrissen von der Klinge, schmal und scharf.

Ihr Blut verteilt sich klebrig an den Beinen
und keiner tröstet sie und hört ihr Weinen,
wenn Mädchen man mit stumpfen Scheren quält.

Bei dem Verbrechen ist kein Arzt zugegen,
der helfen könnte, lindern oder pflegen,
nur Tanten, für die Menschlichkeit nicht zählt.

Wenn Frauen unter Qualen Wasser lassen,
entschuldigt solches auch kein alter Brauch.
Denn diese Barbarei, die muss man hassen,
gebaut auf Aberglauben, Schall und Rauch.

Bloß Männer dürfen leidenschaftlich lieben,
was Weiber dabei fühlen, sei egal.
Vom Sinnenrausch ist denen nichts geblieben
als Schmerzen, wie beim allerersten Mal.

Als Mütter sollen sie dann noch gebären.
Sie können sich der Folter nicht erwehren
und kommen durch die Hölle nur zum Kind.

Und wir, die wir ihr Schreien überhören,
uns gegen diese Schande nicht empören,
sind wie die dummen Tiere: Taub und blind.

Sankt Johannis[2]

Jojo,
Hier also ein paar Fragen,
etwas Wein, ein paar Bier,
es ist schön, dir zu sagen,
dass die Nacht lang wird hier,
um uns zwei zu erfreu'n.

Jojo,
hör wie einst deine Lieder,
schräg und laut, keine Kunst,
überwuchert vom Flieder,
und dort hinten im Dunst
ruht wie Du Kevin Coyne.

Selbst tief im Grab, Jojo, in diesem Loch,
selbst tief im Grab, singst du jetzt noch

Jojo,
Uns're Kriege geführt,
diesen Abend wie jeden,
du mit der Greuther Fürth,
um den Club zu befehden,
hier direkt vor den Säulen.

---

[2] nach Jacques Brel: Jojo

Jojo,
Wir erinnern uns schweigend
an unsere Jugend
und doch wissen wir beide,
dass vor Argwohn und Tugend
sogar Grabengel heulen.

Selbst tief im Grab, Jojo, in diesem Loch,
selbst tief im Grab, singst du jetzt noch

Jojo,
erzähl mir unter Lachen
was unten so los ist.
und verfluch jene Narren
für die du verrückt bist
wiewohl du viel schlauer.

Jojo,
es zittern meine Hände,
die die Blumen dir bringen,
ich beweine dein Ende
will so gern mit dir singen
gleich neben der Mauer.

Selbst tief im Grab, Jojo, in diesem Loch,
selbst tief im Grab, singst du jetzt noch

Jojo,
muss am frühesten Morgen
mir bei Seelenverkäufern
eine Arbeit besorgen,
unter Blöden und Säufern
ohne Herz und Verstand.

Jojo,
ich möchte nie mehr zurück,
eingekleidet mit Träumen
such ich hier unser Glück
zwischen den alten Bäumen,
wo ich dich wiederfand.

Selbst tief im Grab, Jojo, in diesem Loch,
selbst tief im Grab, singst du jetzt noch

Grab von Kevin Coyne auf dem Nürnberger
Johannisfriedhof

Immer größere Lügen

Anna log.
Tina und Oli**ver logen**.
Die **Freimaurer logen**.
Albert und **Theo logen**.
Die Wärter im **Zoo logen**.
Die Siegel mit „**Bio**" **logen**,
wie auch die mit „**Öko**" **logen**.
Das hübsche Urlaubs-**Dia log**.
Die Clowns vom **Zirkus logen**.
Auf Madagaskar der **Katta log**.
Der Frosch und die **Unke logen**.
Studienräte nach zu **viel Eau**[3] **logen**.
Drei Designer der Firma **Ideo logen**.
Selbst das Radio – noch **mono – log**.
Ein Tourist in der Südsee auf **Épi log**.
Sieben Kaffeetanten beim Onko logen.
Ganz selten nur Artikel von **GEO logen**.
Acht Bewohner der Insel **Vulcano logen**.
Die Programmierer mit strg-alt-**entf logen**
und Mails vorn dran mit dem großen **E logen**.
Verkäufer gern mit Hilfe eines **Verbes logen**.
Die Soldaten in ihrem gepanzerten **URO logen**.
Zwei Metzger von der Wurstfabrik **Astro logen**.
Sogar die Argumente von Contra und **Pro logen**.
Die Zuschauer von Hitchcocks „**Psycho**" **logen**.
Die Bettler mit ihrem „Haste ma'**n Euro**" **logen**.

---

[3] Eau de vie

Werbespots mit Apfel von Kuki**dent „Oh" logen**.
Die Signale von der spanischen Korvette **Meteoro logen,**
dass im Kinderkanal Singa Gätgens und Christian **Polito logen**.

Nur das Logbuch, das log nie.

Mauerklage

Isa ben Maryam, zwölf Jahre und allen bekannt,
aus Dheisha bei Bayt Lahm im Heiligen Land,
hinter dem Stacheldraht verstaute man ihn.
Recht gut in Physik, Chemie und in Fußball,
in Erdkunde schlecht, das lag wohl am Schutzwall.

Kein Weg nach Ägypten aus dieser Zone,
bewacht durch die Mauer mit dorniger Krone,
fast dreimal so hoch wie einst in Berlin.
Er träumte von Kairo, doch sah er es nicht
am Ende des Tunnels, das versprochene Licht.

Von scharfen Geschossen gleich mehrfach ver-
letzt,
an Händen und Füßen die Knochen zerfetzt,
und eins in die Lunge, das erledigte ihn.
Strengstens bewacht auf dem Kreuzweg verblutet,
der Notarzt, man hat ihn am Checkpoint vermutet.

Er fing, so hieß es, mit Steinwürfen an,
auch gehöre sein Vater, der Zimmermann,
zu den Bösen, die dann und wann schrien.
Bewaffnet war der mit Hämmern und Beilen,
nicht willens, sein Land mit andern zu teilen.

In Khaki und grün, mit geflecktem Barett,
im Recht durch Gewehrlauf und Bajonett,
unter dem Stern, vom Himmel verliehen,
im Westen gefeiert, doch Boten des Todes,
so siegen die Kinder des großen Herodes.

Kursverlust

Die Habgier ist die Quelle allen Strebens
in dieser Zeit, die laut nach Wachstum schreit.
Nur sie bestimmt dabei den Sinn des Lebens
und duldet neben sich bloß noch den Neid.

Das Kaufen überflügelt das Erleben,
Profit gilt als der Tüchtigkeit Beweis.
Das Nehmen ist jetzt seliger denn Geben,
Barmherzigkeit verlangt nach einem Preis.

Doch irgendwann, dann zählen nicht mehr Zahlen,
wird sinnlos es, mit dem Besitz zu prahlen,
für jene selbst, die nur Gewinne kennen.

Auf sie, da warten fürchterliche Qualen
vor Angst, dass Jahre ihren Tand zermahlen
und Aktien in der Hölle knisternd brennen.

Literarische Weckerdaten

Verschlafen blinzele ich zu den roten Ziffern meines Radioweckers hinüber. 23:04 Uhr – Todestag von William Shakespeare und Miguel de Cervantes. Morgen Nachmittag, um 16:16, das Todesjahr der Beiden. Später:

19:35 – Kurt Tucholskys Selbstmord,
19:45 – John Steinbecks Cannery Row und
19:59 – Die Blechtrommel von Günter Grass.

Aber dann? Der Name der Rose wird verschwiegen und Hundert Jahre Einsamkeit bleiben verschwunden.

Wo steckt der Wurm bei der Geschichte?

Sie sind einfach anders geartet, die Uhr und der Kalender. Zu verschieden, genau wie jene zwei Zeitrechnungen, die die beiden größten Dichter am gleichen Tag sterben ließen, obwohl der Engländer fast zwei Wochen länger lebte als der Spanier.

Hoffentlich bekomme ich den Nobelpreis vor 2060!

Filmtheater Aktivist

Baba Jaga hieß die Werte,
die er als Kind im Kino traf,
die ihn dort das Gruseln lehrte,
ihn später noch im Traum beehrte
und ihm raubte fast den Schlaf.

Zitterbacke war der Zweite,
unser kleiner Kosmonaut.
Ihn zog enorm es in die Weite,
wo er nach kurzem restlos pleite,
doch glücklich war mit seiner Braut.

Mit Paul und Paula kam die Wende,
der Kinderfilm war nun vorbei.
Mit ihrem bittersüßen Ende
gerieten sie schnell zur Legende
im rot gefärbten Einheitsbrei.

Den Traum von Solo Sunny leben,
das wünschte er sich gar zu sehr.
Knallbunt die Republik bekleben,
ganz leicht ihr mit Musik entschweben -
die Wirklichkeit wog tonnenschwer.

Mit dreißig Jahren sah er endlich
von nackten Mädchen den Report.
Zwar fand er sie entzückend schändlich,
doch schien der Sinn ihm schwer verständlich,
drum blieb er dort und ging nicht fort

Dann plötzlich wies der Steine Spur
rückwärts noch mal ins andre Land.
Doch waren dessen Herren stur,
mochten Dressur und Stechschritt nur,
nicht Baubrigaden mit Verstand.

Die Bilder werden immer blasser,
die Abdrücke verwischen sich.
Statt Wein gibt's nur noch laues Wasser,
für das die Werbung umso krasser
lautstark ertönt und widerlich.

Die Hoffnung bleibt auf gute Streifen
aus Potsdam statt aus Bollywood.
Auf Daily Soaps, da kann er pfeifen
und sich mit Leichtigkeit verkneifen
vom Gossenfernsehen all den Schutt.

Wenn man Liebe nur hat

Wenn man Liebe nur hat,
um die Reise zu planen,
deren Richtung wir ahnen
auf dem Landkartenblatt.

Wenn man Liebe nur hat,
um sie dem anzudienen,
dem die Sonne erschienen
in Paris und Rabat.

Wenn man Liebe nur hat,
als alleinigen Grund,
ohnegleichen und bunt
wie Rubin und Achat.

Wenn man Liebe nur hat,
unsre Schwüre zu leben,
die den Reichtum uns geben
und das Glück als Mandat.

Wenn man Liebe nur hat,
wir, Liebste, du und ich,
und mit Freude anbricht,
jede Nacht, jeder Tag.

Wenn man Liebe nur hat,
um wie Fürsten zu kleiden
all die Armen, die leiden,
ganz in Samt und Brokat.

Wenn man Liebe nur hat,
um zu Trommlern zu sprechen,
und um Ketten zu brechen,
bloß mit Noten ein Blatt.

Wenn man Liebe nur hat,
kann mit Licht sie erfüllen
und mit Farbe verhüllen,
was sonst grau ist und glatt.

Wenn man Liebe nur hat,
müssen wir sie uns teilen,
um mit ihr dann zu heilen
von den Wunden die Stadt.

Wenn man Liebe nur hat,
um ganz eins zu werden
mit den Wundern auf Erden,
wie Grand Jacques es einst tat.

Weil wir nichts andr'es haben
als die Kraft uns zu lieben,
lassen wir nicht den Dieben,
was die Götter uns gaben.

(nach Jacques Brel: Quand on n'a que l'amour)

Aktion Ungeziefer[4]

Die Toten sind allein daheim geblieben,
als damals man die Lebenden vertrieben.
Gestorben allzu nah beim Klassenfeind,
kam seither keiner mehr, der um sie weint.

Die Menschen, die dort wohnten, waren Nissen
für jene, die das Dorf dann weggerissen,
die Häuser bis zum Erdboden geschleift,
aus Angst, dass Freiheit nach den Mauern greift.

Nur Spinnennetze zwischen Kreuzen zittern,
wo Steine unter grünem Moos verwittern,
als Schatten kaum zu seh'n in schwarzer Nacht.

Ein Büttel, der lebt heute im Raum Halle,
erzählt gern, dass es Arbeit gab für alle
und noch dazu die hübsche blaue Tracht.

---

[4] Mit „Aktion Ungeziefer" bezeichnete die SED eine von
mehreren Massendeportationen, bei denen grenznahe Ort-
schaften, darunter auch Leitenhausen in Thüringen, geschleift
und ihre Bewohner ins Innere der DDR verschleppt wurden

Blaufichten (für Nazim Hikmet)

Leben! Einzeln und frei wie ein Baum und brüderlich wie der Wald. Das war ihre Sehnsucht – wie die des großen Dichters aus Saloniki.

Und jetzt? Aufgereiht in einer Weihnachtsbaumplantage. Warten auf das Kreischen der Motorsäge, auf Jingle Bells und Rudi, das Rentier. Auf die Garotte der Lichterkette und ein Totenhemd aus Lametta.

Ohne Hoffnung, je den Himmel berühren zu können. Bei einem Richtfest höchstens oder ganz zum Schluss auf dem Scheiterhaufen der freiwilligen Feuerwehr.

Winterzauberlichter

Schlittschuhe gleiten
schnell und leise beizeiten
durch glitzernde Pracht.

Blendender Schneemann,
die Karotte steckt auch dran,
von Kindern erdacht.

Samt glutrotem Schein
versinkt die Sonne im Hain,
dort wo der Frost kracht.

Mit dürren Zweigen
wird beim nächtlichen Reigen
ein Feuer entfacht.

Schatten, sie wackeln
vor den Flammen der Fackeln,
aus Kienholz gemacht.

Schneeweiße Flocken
tanzen schön und frohlocken
in klarkalter Nacht.

Eiszapfen funkeln,
schmücken Dächer im Dunkeln,
vom Mondlicht bewacht.

Morgens dann werden
die Wege, die geteerten,
mit Salz eingemacht.

Scheinwerfer werfen
grelles Licht und verschärfen
die Straßenblechschlacht.

Kraftfahrer schlittern,
droh'n im Matsch zu verbittern,
um Viertel vor acht.

Kasseläner Äsop

Einmal waren Fischer auf Fang ausgefahren, hatten sich lange geplagt und nichts gefangen, nun saßen sie in ihrem Kahn und bliesen Trübsal. In diesem Augenblick erschien mit viel Getöse ein Thunfisch, der verfolgt wurde, und sprang wie von ungefähr in ihr Fahrzeug hinein. Die Fischer kappten ihn, brachten ihn in die Stadt und machten ihn zu Geld.

So ist es oft: Was die Kunst nicht einbringt, das schenkt das Glück. (Hochdeutsch)

Eines scheenen Daaches warn d'r Ephesus un d'r Kupille, disse zwei Schbiddsbuwen, moh uff de Fulle nussgefahrn, um Fische ze angeln. Schdunne um Schdunne honn se sich abgeblaacht un bis uff de Lehne von nem ahlen Klabbschduhl nix ussem Wasser russgezoochen, schon gar nid irchend was, was mer vielleicht für nen Fisch hätte hahlen können. Doch wo se mit ihrm Äppelkahn widder an der Schlachd angekommen sinn, hing doh schon d'r Zisselhäring. Unn do honnse gewusst, dasse eichentlich richdiches Glügge gehabd honn. Denn schdadd dasse nu sohn Undier hätten schrabben, ussenanner schnibbeln unn ussnehmen müssen, konnden se glich im Festdaachsschdaade mit ihrer Gligge uffn Zissel schdokern, dissen großardichen Rummel, do de Wiewesmenscher beglüggen, en

55

Ordentlichen kneddschen und ne Menge Geld ze
Schnaps machen. (Kurhessisch)

Die Ballade vom Bush-Männchen

Er ist ja nur ein kleiner Wicht,
hat das Format vom Alten nicht.
Doch träumt er gern von noch mehr Geld,
will herrschen auf der ganzen Welt.

Er sammelt um sich reiche Leute,
sie wittern alle reichlich Beute.
Sie flüstern ihm: „Wir wollen Krieg
und kaufen gerne dir den Sieg.

Weit im Südosten liegt ein Land,
das reich an Öl ist unterm Sand.
Regiert von einem Bösewicht,
der als Vasall und Henkersknecht

Persien einst für uns ansteckte,
durch den zwar manches Kind verreckte,
im Armenhaus von Kurdistan –
doch ging uns das rein gar nichts an.

Zum Glück ist er jetzt überflüssig
und wir sind seiner überdrüssig.
Darum diktier mal schnell der Presse,
es sei im Sicherheitsinteresse,

dass der Saddam jetzt verschwindet,
der erst so treu mit uns verbündet.

Am besten sag, er droht mit Waffen,
denn dieses wird dir Gründe schaffen,

mal nach dem Rechten dort zu schauen
und jede Menge Öl zu klauen."
Drum schickt er seine Spitzel los,
die spitzeln ziemlich rigoros.

Und finden doch nicht, was sie suchen,
da hilft kein Jammern, hilft kein Fluchen.
Solches möchte Bush nicht glauben,
lässt den Raubzug sich nicht rauben,

lässt schwere Bomber von der Kette,
hetzt sie auf Dörfer und auf Städte.
Ein ganzer Staat liegt bald in Scherben,
was kümmert's ihn, dass Menschen sterben.

Ganz schnell ist dieser Krieg zu Ende;
zufrieden reibt sich Bush die Hände.
Doch hat er nicht daran gedacht,
dass man sich so auch Feinde macht.

Er wollte doch ganz einfach nur
den Siegeszug seiner Kultur
und ein bisschen Dankbarkeit
und Öl und Macht für alle Zeit.

Er sah sich in Gedanken schon

als Held der Zivilisation.
Dass ohne Kopftuch und entschleiert,
man ihn bejubelt und ihn feiert.

Doch gibt es täglich nun Querelen,
die ihm seine Ruhe stehlen.
Drum tritt er jetzt in ernstem Ton
als Staatsmann vor das Mikrophon:

„Helft, ihr Brüder, die ihr wolltet
nicht in den Krieg, so wie ihr solltet.
Helft uns jetzt, tut eure Pflicht,
weil ohne Euch – da klappt es nicht!

Doch von den ganzen fetten Happen,
dürft ihr uns bitte nichts wegschnappen.
Denn sicher ist für uns bis heute:
Mit andern teilen wir nicht die Beute.

Wir bleiben hier und kontrollieren,
wer gut verdient beim Reparieren!"
Nun hör gut zu, du kleiner Wicht,
den Massenmord vergisst man nicht.

Selbst im Kellerloch, im kühlen,
wirst du dich nicht nie mehr sicher fühlen.
Am besten ist, du wanderst aus
und fliegst zum Mars, ruhst dich dort aus.

Hier kannst du deine Träume leben
und in die Ewigkeit entschweben.
Bist dem Himmel schon ganz nah,
auch stört dich kein Aja-tol-lah.

(geschrieben von meiner Mutter Anneliese Goldmann Anfang 2008 – als alle dachten, tiefer könne ein US-Präsident nicht sinken)

Leipziger Notenspiegel
(Mendelssohn-Ufer)

Ein neues Konzerthaus im grünen Gewand,
mit dem Saum des Wassers als glitzerndem Band
und dem Denkmal des Meisters als Zierde.

Durch Banausen das Standbild entwendet,
der Schmuck von Barbaren geschändet,
als damals in Sachsen der Pöbel regierte.

Mit Bomben und Panzern Despoten erledigt,
doch auch das Gewand vom Hause beschädigt,
als schließlich im Mai der Frieden geschlossen.

Der Genius zum Glück dem Vergessen entrissen,
dessen Noten man vorher aus Bosheit zerrissen,
und sein Antlitz nochmal in Bronze gegossen.

Vom Konzerthaus die Reste und Mauern ge-
sprengt,
tief unter die Erde das Wasser verdrängt,
die bronzene Büste ganz einfach verschleppt.

Dann endlich vom Dunkel das Wasser befreit,
und der Musik für immer das Ufer geweiht,
wo die Wut über Böses langsam verebbt.

Vorfluter auf Weltniveau

Aus Naunhof kam die Lederbrühe,
auch gaben ihm schon in der Frühe
an seinem Ufer all die Kühe
ganz unverfroren ihre Gülle,
damit der Fluss den Dreck verhülle.

„Die Stinkende" hieß drum die Parthe,
als Leipzig auf die Wende harrte.
Viel Trübes floss in sie hinein
– aus Engelsdorf vom Rind und Schwein –
das feinen Nasen nichts ersparte.

Stattdessen schwebt auf ihren Wellen
mitunter jetzt an vielen Stellen
ein leichter Hauch von Sommerwiese,
auf dass ein jeder Mensch genieße
die Hummeln, Blumen und Libellen.

Auch dringt aus mancher Gartensparte
der leck're Duft von Wurst und Schwarte.
Die Grillkunst wird sehr großgeschrieben
von denen, die einst hiergeblieben,
dort wo man um den Rost sich scharte.

Vom Weltniveau mit Macht bedrängt
und mit Nitrat und Chlor getränkt,
soll sie zum Fluss nun endlich werden,
zum hoch geschätzten und verehrten
– und nie mehr in Beton gezwängt!

Taler aus Aschaffenburg

Ein Silberling, und zwar recht gut erhalten,
wenngleich schon vier mal hundert Jahre alt.
Der Blick, er huldigt dem Metall, dem kalten,
erkennt darauf des Erzbischofs Gestalt.

Man sieht auch jenes prächtig-teure Schloss,
das dieser Kurfürst sich erbauen ließ,
dort wo das Wasser floss, vorüberschoss,
am Main als kleines Stück vom Paradies.

Doch fehlen mir im Bild die Scheiterhaufen,
genutzt vom Herrn recht gern zum Steine kaufen[5],
drum brannten Hexen überall im Land.

Hätt' man sie lieber auf das Rad geflochten,
denn dabei bliebe für die Unterjochten
ein letztes Mahnmal auf des Talers Rand.

---

[5] Das Vermögen der Opfer von Hexenprozessen fiel zum
großen Teil an die Staatskasse

Voller Grimm

Ein Wolf, geboren im Westen von Polen,
wollte beim Bauern ein Geißlein sich holen.
Der fand das nicht gut,
er schäumte vor Wut
und feuerte gleich mit scharfen Pistolen.

Der Wolf war darüber mächtig erschrocken,
ließ sich vom Lammgulasch dort nicht mehr lo-
cken,
schwamm rasch durch die Neiße,
fand Wasser zwar Scheiße,
war aber drüben ganz schnell wieder trocken.

In Deutschland traf er auf sehr nette Leute,
wie Oma, die ihn mit Kuchen erfreute,
dazu ein Schluck Rotwein,
der schmeckte ihm so fein,
dass nie wieder heim er wollte zur Meute.

Sie sprachen zu ihm ganz sanft und bedächtig,
vor allem als er dann irgendwann trächtig.
Hatten Kreide gekaut,
damit bloß nicht zu laut
die Stimme erklang, zu tief und zu mächtig.

Ein Jäger wollte dem Pelztier ans Leder,
fiel drum in den Brunnen viereinhalb Meter.
In Jute gehüllt,
mit Steinen befüllt,
sauste er abwärts mit lautem Gezeter.

SIE hatte mit einem Wolfsspitz gepimpert,
wegen des Namens nicht lange gezimpert,
warf schließlich fünf Welpen,
worauf für dieselben
das Geld in den Kassen tüchtig geklimpert.

„Der Wolf ist zurück", frohlockten die Narren
und spannten ihn eilig vor ihren Karren.
Dachten ernsthaft daran,
ihn – sobald er vegan –
zum Maskottchen, gar zum Leitwolf zu machen.

Ein neuer Bürger, in Jena daheim,
ging sprachlich dem Deutschen dann auf den
Leim.
Um dreiviertel vier
erstach er das Tier.
Man twitterte #Mord# in Prosa und Reim.

Doch war es ganz klar nur ein Missverständnis,
von manchen Vokabeln mangelnde Kenntnis,
die eben eindeutig
mitunter zweideutig
– so konnte man's lesen in dem Geständnis.

Er hat ihn für einen FLEISCHWOLF gehalten,
ließ deswegen bloß sein Schlachtmesser walten.
Ein so fetter Braten
schien ihm wie geraten,
Kochkunst süßsauer an ihm zu entfalten.

So endet recht kläglich das schöne Märchen
vom Menschen und Wolf als glücklichem Pärchen.
Unser Appetit
spielte da nicht mit –
doch hoffen wir nun auf ganz süße Bärchen.

Kalinka Jackson

They sat in front of the café, bitching about the tight skirt or this godawful blouse filing across the marketplace in front of them.

Then he came, a violin case in his hand. He was wearing jeans and a grey jacket which were neither adequate to the temperature, nor to a stay in a pedestrian precinct. The formerly elegant garment looked quite worn and could do with some cleaning.

The man walked back and forth a few times. Then he stopped next to the monument, opened the case, and took out his instrument.

"Oh God," Antje sighed, "I fear we are going to be tortured with folksy music."

"Do you take a Prosecco too?" asked Sandra. "Kalinka with pie only can be endured with alcohol. If at all!"

"That's not fair," said Julie. "He hasn't played a single note yet, but you already know his music is shitty."

"Quite easily. Because these guys are all the same. They learn three songs and then come to us for begging."

"That's no begging. If he makes good music, he is entitled to get paid. Treat it as his fees."

Violin sounds were now coming from the memorial statue and Antje's face looked like suffering a gastroscopy. "You can't even call it music," she insisted, "not to mention good music. Siberian lullabies on a saw blade! "

"No Siberian songs, but Hungarian Dances. By Johannes Brahms. And on a decent instrument. And into the bargain, it's perfectly in tune."

"Don't need to protect him, your gutter fiddler. Just look at him with his hanging shoulders."

"Just for his miserable attitude, he won't get a cent from me," Sandra said. "And others probably think the same way!"

In fact, most of the people punished him with total disregard and the violin case remained empty apart from a few bronze-coloured spots that gleamed lost in the sun.

"That's right," replied Julie, "he should approve his appearance a bit."

"Russian remains Russian," Sandra teased. "There you can rasp as much as you want."

Julie wanted to slap her for that. But she had a much better idea: she got up and adjusted her dress. Then she stumbled over to the musician, tapped on his shoulder, and asked, "Do you know The Battle of Jericho?"

"Naturally. Shall I play it for you? "

"No. You shall play it with me."

It took a moment until he got it. Then he started and she joined in. It was unusual for her without her choir. At first, she felt nude and delivered to the spectators. But at least there was an audience now. More and more people stopped while she performed one song after the other and the coins from their purses filled clattering the violin case.

The owner of the case had stripped off his jacket. Upright, laughing and in his shirt sleeves, he let the bow dance over the strings.

(Deutsche Fassung in „Kiesel rotweiß",
ISBN 978-3-86963-620-7)

Verliebt in Paris

Hört mir zu, ihr blöden Schwätzer,
ihr Feierabend-Hausbesetzer.
Das Lied ist keinen Heller wert,
doch fühlt euch trotzdem hochgeehrt,
ihr, die ihr grüne Wiesen mögt,
so gern wie süße Schäfchen blökt,
Weinblätter liebt und kleine Quellen,
ihr solltet eure Uhr mal stellen

Ich bin in meine Stadt verknallt,
und mag sie ohne Vorbehalt.
Weit hinterm Horizont liegt Wald,
doch meine Landschaft ist Asphalt,
ja, meine Landschaft ist Asphalt.

Hört mir zu, ihr Weltenretter,
bohrt ruhig weiter dünne Bretter,
ich hab' genug von leeren Reden,
und such die Sonne in den Städten.
Der Turm von Montparnasse ist schön,
von ihm der Eiffelturm zu seh'n,
ganz voll mit Liebe sind die Gassen,
an Wolkenkratzer Reime passen.

Ich bin in meine Stadt verknallt,
und mag sie ohne Vorbehalt.
Weit hinterm Horizont liegt Wald,
doch meine Landschaft ist Asphalt,
ja, meine Landschaft ist Asphalt.

Hört mir zu, ihr Aktuare,
macht Tagungen und Seminare,
klebt Sorgen euch auf bleiche Mienen,
macht Stickoxide zu Doktrinen.
Mir wird von Pissoirs nicht übel
vom Gestank der Abfallkübel,
mit Sauerstoff dusch ich mich nicht,
schmink CO_2 mir ins Gesicht.

Ich bin in meine Stadt verknallt,
und mag sie ohne Vorbehalt.
Weit hinterm Horizont liegt Wald,
doch meine Landschaft ist Asphalt,
ja, meine Landschaft ist Asphalt.

(nach Renaud: Amoureux de Paname)

Nibelungensage (Kurzfassung)

Brünhild dort in Worms ganz allein schmollt,
weil Siegfried ihr dreist an das Bein wollt'.
Zu ihr einst gegangen,
den Mann abgehangen,
doch bei ihr ein König nur rein sollt'.

Viel später sie sich in den Hain trollt
und sucht hier vergeblich das Rheingold.
Es ward nicht gefunden,
blieb immer verschwunden,
weshalb sie Tribut nun dem Wein zollt.

Die Andre war Etzel zum Schein hold,
der auch an den Schatz tief im Rhein wollt'.
Als ganz miese Diebe
verteilten sie Hiebe,
bis sie ihn dann schließlich ein Schwein scholt.

Zwanzigzwanzig hinter den Türchen

In einem Adventskalender
wohnt mit seinem süßen Reh
ein toller Hirsch, ein Achtzehnender,
beim Schneemann und der grünen Fee.

Der Tannenbaum im zweiten Stock
wär' lieber noch zu Haus im Hain,
hat überhaupt gar keinen Bock
auf Glitzerschmuck und Kerzenschein.

Der Räuchermann darf nicht mehr rauchen,
denn das sei schließlich ungesund
und niemand würde so was brauchen,
hört er aus einem strengen Mund.

Die Viecher im berühmten Stall
genervt an ihrem Stroh rumknabbern.
Auf Facebook sieht man überall,
wenn sie mal auf den Säugling sabbern.

Die Engel aus dem bunten Stern©,
die sind dem Rentier viel zu laut.
Sie sehen gern geräuschvoll fern,
weshalb er an die Trennwand haut.

Der Nussknacker entsagt den Nüssen,
schon wegen all der Allergien,
die sorgsam deklariert sein müssen,
und dieser Aufwand ärgert ihn.

Ein ganz markanter Doppelname
markiert die vierte Königin;
als gleichgestellte Quotendame
zieht sie nur zu Maria hin.

Der Alte selbst den Schlitten schruppt,
denn schließlich schaut er auf die Kosten.
Das Ding als Honda sich entpuppt,
ein Schnäppchen aus dem Fernen Osten.

Kreuzwaise

Weihnachtslied
Weihnachtsmesse
Weihnachtsoratorium
Höchstes Fest der Christenheit
Zu Ehren des einzigen und allmächtigen Gottes
Friede auf Erden und den Menschen ein Wohlge-
fallen

Weihnachts-Geld
Weihnachts-Schnäppchen
Weihnachts-Sonderöffnungszeiten
Höchstes Fest des Einzelhandels
Zu Ehren des Hermes – Gott der Krämer
Umsatzsteigerung bis zu siebenundsechzig Prozent

Weihnachts-Stau
Weihnachts-Ausflug
Weihnachts-Rückreiseverkehr
Höchstes Fest grenzenloser Unrast
Schon wieder Hermes - Gott der Reisenden
Auf der Autobahn A 4 zu Oma in neuer Rekord-
zeit

Weihnachts-Show
Weihnachts-Hit-Special
Weihnachts-Happy-Christmas-Show
Höchstes Fest blinkender Supersternchen
Zu Ehren des Dionysos – Gott des Weines und
der Zügellosigkeit
Zufriedenstellende Einschaltquoten und Erinne-
rung an bacchanalische Gelage

Gottes Sohn
Geboren von der Jungfrau Maria
Gewindelt und in einer Krippe liegend
Angebetet von Hirten und beschenkt von Königen

Doch welchen Gottes Sohn?
Vielleicht Hermes – auch Gott der Diebe
Gestohlen die Kindheit, der Glaube und die Hoff-
nung

Märchenhaft

Rotkäppchen gibt sich tugendhaft,
des Wolfes Ruf ist zweifelhaft.
Doch tut er gern ganz kumpelhaft,
bis sie für ihn die Röcke rafft.

Ein Riese muss in Beugehaft,
und wirkt auf einmal zwergenhaft.
Der Däumling freut sich gnomenhaft
darob und streckt sich sagenhaft.

Der Sultan, der denkt dünkelhaft,
Suleika sei in Schleierhaft.
Doch kommt sie dort zur Mutterschaft
auch ohne seine Manneskraft.

Die Mumie liegt in Dunkelhaft,
ja schlimmer noch: in Grauenhaft.
Wie sie sich fühlt, bleibt rätselhaft
bis heute für die Wissenschaft.

Graf Dracula lebt flatterhaft.
Man sieht ihn oft nur schemenhaft,
wenn Blut er sich im Flug beschafft,
bei Nacht mit wahrer Meisterschaft.

Ein Schneider sieben Fliegen schafft
und prahlt dann mit der Täterschaft,
was sich erweist als vorteilhaft,
weil rasch der Feinde Mut erschlafft.

Am Elfenbein der Stiefelschaft
wirkt zweifelsohne zauberhaft.
Manch Kater leckt ihn fieberhaft,
versiebt (!) dadurch des Zaubers Kraft.

Der Hänsel steckt in Einzelhaft,
Klein-Maja stets in Sippenhaft.
Der süße Brei quillt massenhaft
und gilt deshalb als ekelhaft.

Schneewittchen sitzt in Märchenhaft,
Rapunzel gar in Festungshaft,
doch trotz der Hexe Machenschaft
entkommt sie dank
Drei-Wetter-Haarpflege-Lösung

Schwein gehabt

Den Gang, den Blick, den Hintern will er loben,
mit denen sie der Sinne ihn beraubt.
Reizt ihn sogar vor einem Schweinekoben,
wo er der süßen Sau die Göttin glaubt.

Ganz eng und fest will er sie an sich drücken,
liebkosen ihren Schoß, den Bauch, den Rücken,
im dunklen Moos nach zarten Knospen picken,
ihr zum Vergnügen ein Geschenk dann zücken.

Sie streichelt ihn mit Fingern und mit Blicken,
zeigt ihre runden Backen ihm im Bücken,
steigt engelsgleich aus ihrem Kleid, dem schicken,
und fesselt ihn in zauberhaften Lücken.

Nur sollte er die Blume dort nicht pflücken,
betörend wie die allerschönste Braut.
Mag ihn ihr Anblick auch zunächst entzücken,
stirbt doch die Blüte rasch zu welkem Kraut.

Der einst gerade Stiel beginnt zu knicken
ob all der Dämlichkeit und ihrer Tücken.
Als Suppenhuhn erweist sich nun das Küken
beim Albtraum, fades Hühnerfleisch zu spicken.

Ganz schnell zerplatzt sein Traum von edlen Nor-
nen,
zum Schluss, da bleiben ihm nur Stroh und Dor-
nen
und von dem so erhofften Glück kein Stück.

Auch langweilt ihn ihr törichter Zinnober,
drum wünscht er sich zuletzt nur einen Kober
für den Weg, diskret, zum Schweinestall zurück.

Amtsentschimmelt

Die Staatsmacht sollte er repräsentieren,
verbrachte viel Zeit mit Telefonieren,
und konnte dabei noch den Schreibtisch polieren.

Dann wollt' er nicht mehr den Staub inhalieren,
die geistlosen Fürze von hohen Tieren,
auch Menschen nie mehr mit Senf malträtieren.

Zwar tat er recht gern mit Worten jonglieren,
doch mochte er nicht die Bürger sekkieren
als Halbgott und Popanz sich zelebrieren.

Die Zweifel befielen ihn beim Kopieren,
zwischen all dem Papier, das zu kopieren,
fand er, sein Hirn sei zu klug zum Kupieren.

Er ängstigte sich, ihm könnt was passieren,
er könnte im warmen Büromief erfrieren,
unter dem Stempel „erledigt" krepieren.

Hier wird es ganz sicher keiner kapieren,
doch will er lieber im Freien kampieren,
als drinnen sinnlos auf Akten zu stieren.

Einfalts-Reichtum

Armut. Über Jahrtausende hinweg eine der großen Geißeln der Menschheit. Schicksal von Millionen und Abermillionen.

Müllerburschen versuchten ihr mit dem Wanderstab zu entfliehen und ihre Schwestern mit einem märchenhaften Augenaufschlag in Richtung Hochadel. Oder wenigsten für einen Filialleiter oder einen Finanzbeamten.

Doch inzwischen ist sie fester Bestandteil unseres Daseins, die Armut. Bereichert unser Leben mit cholesterinarmer Ernährung, fettarmem Käse, natrium- und kohlensäurearmem Mineralwasser und der Kalorienarmut geschmacksarmer Cola.

Auf der Überholspur wird unser Doppelzentner Fleisch und Fett zusammen mit anderthalb Tonnen Stahl und Gummi vorwärts katapultiert von einem abgasarmen Antriebsaggregat.

Man tätigt Bankgeschäfte und andere Entscheidungen am liebsten risikoarm, frau träumt vorzugsweise von wolkenarmen Ehehimmeln. Beide werden von Urlaubsländern mit Regen- und Konfliktarmut gelockt und von Politikern jeglicher Couleur mit Schuldenarmut.

So haben wir sie schätzen gelernt, die Armut in ihren vielen Ausprägungen!

Doch dann die Flut der Habenichtse: Aus flimmerarmen Bildschirmen und rauscharmen Lautsprechern direkt hinein in die reizarmen Innenräume unserer Behausungen.

Trostreich, dass es wenigstens keine Armen mehr sind. Nur noch Geringverdiener in prekären Arbeits- und Lebensverhältnissen.

Weltenchaos

Das Chaos regiert jetzt in Nahost
mit Assad als ganz bösem Starost.
Da geht's um Millionen,
die sich richtig lohnen.
Die Drahtzieher schwelgen im Pathos.

Nur Chaos, das gibt's auch in Lagos,
von wo so viel schwarzes Öl abfloss.
In die Tanks der Konzerne,
sie nehmen sie gerne,
die Dollars, die man dem Volk abtrotzt.

In Persien war einstmals der Schah Boss,
bis man ihn dann irgendwann abschoss.
So geht's Diktatoren,
die zu unverfroren.
Wer mag schon die Hitlers und Maos?

Drum wär' ich viel lieber auf Thasos
als drunten in China und Laos.
Sind die Griechen auch arm,
so hab ich's doch warm
und lab mich am Rotwein von Athos.

Dazu ein Souvlaki vom Bratrost,
das mag ich schön würzig und ganz kross.
Mit recht viel Zaziki
aus Thessaloniki
verdufte ich vor der Welt Chaos.

Freiherr von Chaos

Herr Johann Konrad von Richthausen
verschaffte seinem Kaiser Gold
viel besser als all die Banausen,
vor denen wir uns täglich grausen,
drum blieb der Herrscher ihm stets hold.

Er prägte für ihn viele Münzen
in Brünn, in Kremnitz und in Wien;
zurückgeholt aus den Provinzen,
vertraute man ihm an den Prinzen,
um für den Thron ihn zu erzieh'n.

Als ungarischer Kammergraf
grub er nach Gold- und Silber-Erz,
beherrschte sein Metier im Schlaf,
weshalb er manche Ader traf,
betrieb die Alchimie zum Scherz.

Cordula, so hieß die Dame,
mit der er lebte dazumal.
Baron von Chaos war sein Name,
heut findet ihn der Aufmerksame
in Wien im großen Rathaussaal.

Sein Erbe ward ein Waisenhaus,
dem er vermachte all sein Geld;
so ging seine Geschichte aus,
zum Wohl von Anton, Mäxchen, Klaus
und manchem andern kleinen Held.

Burgenland, Europas Spiegel

Der Donaumonarchie dereinst entglitten;
dann durch die Erben, die sich heftig stritten,
vom Nachbarort die Dörfer abgeschnitten,
egal, wie sehr die Menschen dabei litten,
so chancenlos, den tiefen Riss zu kitten.

Von Schurken im Triumphzug annektiert
und gleich danach im Atlas ausradiert,
die Männer für das Kriegshandwerk dressiert
und darauf, wie man an der Wolga friert –
der Kreml hat die Rechnung präsentiert.

Die gute Nachbarschaft, sie kam abhanden,
als Straßen einfach über Nacht verschwanden
und bloß noch Füchse ihre Wege fanden,
wo hinter messerscharfen Drahtgirlanden
mit Sturmgewehren die Bewacher standen.

Verstopfen sollten sie die kleinsten Lücken,
die Völker donauabwärts unterdrücken
und pure Willkür mit Parolen schmücken.
Erst Bürgermut half Gräben überbrücken,
nicht mehr gewillt, sich vor Gewalt zu bücken.

In Klingenbach zuerst der Sperrzaun fiel,
als es vorbei war, das perfide Spiel.
Europa hieß zu jener Zeit das Ziel,
das nicht nur hier den Menschen sehr gefiel,
denn Mauern gab es vorher viel zu viel.

Ganz von allein wuchs wie durch Zauberhand
im Osten an des Burgenlandes Rand
aus Minenfeldern nun ein grünes Band,
wo man sodann die schönsten Blumen fand,
so rar und kostbar wie ein Diamant.

Man plauderte auf Deutsch und auf Kroatisch,
sprach wieder ungarisch, das war sympathisch,
sah Ländergrenzen gar nicht mehr dogmatisch,
stand zwar zur Heimat noch, doch nicht fanatisch
– und briet den Wulka-Hecht sehr aromatisch.

Doch manche, die den Andern stets misstrauen,
vor allem diesen schwarz verhüllten Frauen,
woll'n jetzt die alten Zäune neu erbauen,
befürchten, jene, die so fremd ausschauen,
sie könnten Wein und Paradeiser klauen

Burgenland, Europas Spiegel,
an Fläche klein, an Erbe reich.
So prägen dich mit ihrem Siegel
nicht nur Wien und Österreich,
nicht nur Wien und Österreich.

Leipziger Paradoxon

An scharfen Rändern lauert oft Gefahr
bei Blechen, Wänden und beim Mobiliar.
Dort, wo wir sie als Kinder schon erwarben,
mit Tränen und Geschrei: die ersten Narben.

Drum rät der TÜV, die Ecken abzurunden,
zum Schutz vor Bluterguss und schlimmen Wun-
den.
Auch wirke menschlicher doch jede Kante
in einer sanft gebogenen Variante.

In Leipzig aber gab's die Runde Ecke,
zum Zwecke, dass durch sie ganz schnell verrecke,
wer unterm Ährenkranz nicht gleich parierte.

Das Böse, aus Ruinen auferstanden,
kaum dass Gewalt und Bomben überstanden,
von dort die Stadt mit Schwert und Schild trak-
tierte.

Von Tieren, die zum falschen Namen kamen

Den FISCHREIHER, den gibt's nicht mehr,
ein neuer Name musste her,
zwar frisst er heute auch noch Fisch,
doch kehrt man tunlichst untern Tisch,
dass er die Teiche gern durchsiebt,
weil er nun mal Forellen liebt.

Sein Vordername ist jetzt „Grau",
denn damit, dachte man ganz schlau,
merkt niemand mehr, was er so treibt,
wenn er sich Karpfen einverleibt –
so grau wie seine neuen Paten,
die mächtig stolz auf ihre Taten.

Es schämt sich sehr die SCHLEIEREULE
für das erbärmliche Geheule,
das manche wegen Schleiern machen,
und kann darüber nicht mehr lachen.
Ganz neidisch schielt sie nach den Reihern,
denkt ernsthaft dran, sich zu entschleiern.

Wie Unrecht man NEUNAUGEN tut,
seh'n sie doch nur ganz vorne gut.
Der Rest der Augen sind Attrappen
wie der Piraten Augenklappen,
drum sollten wir sie umbenennen,
bevor sie aus zwei Augen flennen.

Der TEUFELSROCHEN möchte schweben,
im Leben noch viel Meer erleben,
hat mit der Hölle nichts zu schaffen
und lässt höchst ungern sich begaffen
von Menschen ganz in Gummihüllen,
mit Augen hinter Taucherbrillen.

Sie SCHLEICHEN durch das Gras nicht BLIND,
auch wenn das Wort mit blind beginnt,
die Echsen wurden schlicht verkannt,
von jenen, die sie so benannt,
denn eigentlich, da seh'n sie gut
und finden die Bezeichnung krud.

Der ADMIRAL fährt nie zur See,
drum tut ihm dieser Name weh,
er flattert lieber über Wiesen,
wo ihn die Wellen nicht verdrießen,
hofft, dass er viele Nesseln find,
wird seekrank nur vom Sommerwind.

Es wurde unser SÄBELSCHNÄBLER,
benannt von einem Hirnvernebler,
der ihn zum Krieger machen wollte
als der Kanonendonner grollte,
dem Schwertwal geht es auch nicht besser
– dabei hat der nicht mal ein Messer!

Das FAULTIER leidet ganz beträchtlich,
man schaut auf es zumeist verächtlich,
was seine Würde tief verletzt,
doch auch der TÖLPEL ist entsetzt,
genauso wie die TROTTELLUMME,
von der man denkt, sie sei die Dumme.

ZITRONEN FALTEN, GÄNSE SÄGEN,
wie schmäht man manches Tier deswegen!
Doch liegt es nur an ihren Namen,
dass derart in Verruf sie kamen,
drum müssen wir sie neu benennen
von ihrem falschen Erbe trennen.

Der Volksherrschaft ein Denkmal setzen,
klappt nicht, solange wir mehr schätzen
als Kellerassel und Tarantel
einen MONARCH und KAISERMANTEL,
die dann zum RITTERSPORN hinfliegen,
anstatt für die Partei zu siegen.

Die süßen MÖNCHSGRASMÜCKENKÜCKEN
soll'n in ihr Kloster sich verdrücken,
auch stört so manchen sehr die NONNE,
erst recht der DOMPFAFF in der Sonne,
der auf dem PFAFFENHÜTCHEN sitzt,
wo frech sein schwarzes Käppchen blitzt.

Wenn BINSENJUNGFERN Junge kriegen,
die lautlos durch die Binsen fliegen,
so sollte dies unmöglich sein,
auch glaubt es heutzutag kein Schwein,
dass die HAUSMUTTER Vater wird,
die Gaslaternen gern umschwirrt.

Es sieht die HAUBENTAUCHERIN
sich ganz als Frauenrechtlerin,
will nicht länger Taucher sein,
ERDMÄNNCHENWEIBCHEN auch befrei'n
vom Ballast alter Biologen,
die bei der Namensgebung logen.

Den MOHRENFALTER ganz vernichten
woll'n manche, die empört berichten,
dass Sprache auch ein Schlachtfeld sei.
Sie wünschen in die Walachei
das Tier und möchten es erschlagen,
den Artenschutz ihm ganz versagen.

Die Lachmöwe darüber lacht
hoch auf dem Fockmast einer Yacht.
Der Orpheusspötter stimmt ihr zu
und findet, man muss nicht partout
nach Kirschkernen im Kuchen suchen
und sie als Anschlag gleich verbuchen!

Gefiedertes Echo, geflügelte Worte

Mein Papagei lauscht überall,
dem Flieger selbst mit Überschall
und diesem fiesen üblen Knall.
Es freut ihn ein Verkehrsunfall,
das Quietschen, der Zusammenprall
und auch des Fahrers Wutanfall
– berührt ihn doch Sirenenschall
viel mehr als jeder Kaskofall.

Schwärmt für den Wiener Opernball,
ein Live-Konzert am Taj Mahal
und Fado tief in Portugal.
Denn dank der Technik hoch im All
erreicht die Welt ihn Knall auf Fall:
aus Fechenbach der Karneval,
Jakobimarkt aus Schwäbisch Hall,
aus Miltenberg ein Faschingsball.

Er fiebert mit beim Basketball,
beim Sturm auf einen Festungswall.
Liebt den Gesang der Nachtigall,
markiert den Hahn im Hühnerstall
und wiehert wie im Tattersall.
Er leiht sich – welch Kulturverfall –
die Stimme gar vom Reichsmarschall,
dem feisten Schwein aus Carinhall.

Vor Wonne wird er rund und prall,
wenn blechern tönt vorm Ziegenstall
ein Eimer, ganz aus Leichtmetall.
Rauscht wie der wilde Wasserfall
im Gambia-Fluss im Senegal.
Und sogar einen Stromausfall
betrachtet er im Zweifelsfall
nicht unbedingt als Krisenfall.

Der aufgebrauste Donnerhall,
das Ping und Pong vom Ping-Pong-Ball,
der Marschbefehl vom Feldmarschall
ein Jagdunfall mit Todesfall,
der Furz aus einem Overall
(zumeist im Wiederholungsfall),
– das alles findet Widerhall
in meines Vogels Redeschwall.

Bildnachweis

Wilhelm Busch: Titelbild
Juja Han: S. 23
Walter Zweigle: S. 67
Charlotte Goldmann: S. 11 und 31
Gerhard Goldmann: S. 38, 47 und 51